REFORMAS: TRIBUTÁRIA,
ADMINISTRATIVA E POLÍTICA

REFORMAS

TRIBUTÁRIA, ADMINISTRATIVA E POLÍTICA

Sistemas tributário, administrativo
e político atuais

Osvaldo Dalla Coletta

Santo André, 2023

Capa e Diagramação
Israel Dias de Oliveira

Revisão
Denise Gomide

Dados Internacionais de Catalogação na Publicação (CIP)
(Câmara Brasileira do Livro, SP, Brasil)
Tábata Alves da Silva - Bibliotecária - CRB-8/9253-0

Coletta, Osvaldo Dalla
Reformas : tributária, administrativa e política : sistemas tributário, administrativo e político atuais / Osvaldo Dalla Coletta. -- 1. ed. -- Santo André, SP : Ed. do Autor, 2023.

ISBN 978-65-00-63230-9

1. Arrecadação de impostos 2. Reforma administrativa - Brasil 3. Taxas 4. Tributos - Brasil I. Título.

23-146552 CDU-34:336.2(81)

Índice para catálogo sistemático
1. Reforma tributária : Brasil : Direito tributário 34:336.2(81)

[2023]

SUMÁRIO

REFORMA TRIBUTÁRIA

DEFINIÇÕES

Tributos: no sistema tributário brasileiro atual, os tributos são constituídos por impostos, taxas e contribuições. Atualmente (fevereiro/2023), existem 92 (noventa e dois) tributos no Brasil.

Imposto Único – IU: é o imposto a ser criado por essa reforma tributária para substituir todos os 92 tributos brasileiros atuais. Há uma única exceção que é o imposto de importação, o qual deve ser mantido para preservar a sua função regulatória *antidumping*. O valor total do IU a ser cobrado é o total da soma dos valores que constam nos orçamentos dos governos federal, distrital, estaduais e municipais para o mês corrente.

Receita Nacional: é o órgão administrativo resultante da transformação da Receita Federal em Receita Nacional para fazer a cobrança do IU, para arrecadar os valores tributários que constam nos orçamentos dos governos federal, distrital, estaduais e municipais, valores esses que serão cobrados das pessoas físicas que residem no Brasil. Anualmente os governos federal, distrital, estaduais e municipais enviam à Receita Nacional os respectivos orçamentos aprovados pelos seus legislativos.

Algoritmo: é uma sequência lógica de instruções, escrita em linguagem de programação de computador, para produzir um determinado resultado. Por exemplo, para fazer o cálculo 2 x 3 = 6, o programador de computador escreve uma sequência lógica de instruções em linguagem de programação, equivalente ao que se faz com uma calculadora manual quando se apertam as teclas (2), (x), (3) e (=), para se obter o resultado 6.

Domicílio Fiscal: é o endereço da pessoa física cadastrado na Receita Nacional. O algoritmo do sistema de processamento eletrônico da Receita Nacional utiliza o CEP desse cadastrado para identificar o estado ou o Distrito Federal e o município em que o contribuinte reside, para creditar o valor do IU do estado ou do Distrito Federal na conta bancária do estado ou distrito federal e para creditar o valor do IU do município na conta bancária do município. Os governos municipais são os responsáveis pelas atualizações dos endereços das pessoas físicas no cadastro da Receita Nacional.

Extrato Fiscal: é o extrato digital mensal individual produzido pela Receita Nacional e enviado para o endereço eletrônico de cada pessoa física cadastrada na Receita Nacional. Nesse extrato fiscal constará a data do extrato, o nome e o CPF da pessoa física, o valor do IU pago para cada um dos governos federal, estadual ou distrital e municipal e o total do IU pago.

Contribuintes: somente as pessoas físicas são contribuintes tributárias, porque elas são as consumidoras finais que compram e pagam os preços dos produtos e dos serviços, preços estes que incluem os tributos. As pessoas jurídicas (empresas) não são consumidoras finais, portanto não pagam tributos, porque elas apenas recolhem os tributos do sistema tributário atual, incluídos no preço de venda dos produtos e dos serviços que são comprados e pagos pelas pessoas físicas, que são as consumidoras finais, conforme demonstrado no exemplo a seguir.

Exemplo com tributos do sistema tributário atual:

Custo do produto = R$ 100,00
+ lucro de 10% = R$ 111,11 (100,00/0,90 = 111,11)

Preço do produto = R$ 111,11 (antes dos impostos)

+ IPI de 13% = R$ 16,60 (111,11/0,87 = 127,71 - 111,11 = 16,60)

+ ICMS de 18% = R$ 24,39 (111,11/0,82 = 135,50 111,11 = 24,39)

Preço do produto = R$ 152,07 (para o consumidor final)

Quando o consumidor final compra o produto do exemplo acima descrito, ele paga à pessoa jurídica (empresa) o valor total de R$ 152,07, sendo R$ 111,11 o preço do produto, R$ 16,60 de Imposto sobre Produtos Industrializados (IPI) e R$ 24,39 de Imposto sobre Circulação de Mercadorias e Serviços (ICMS).

A pessoa jurídica (empresa) recolhe R$ 16,60 de IPI ao governo federal, R$ 24,39 de ICMS ao governo estadual ou distrital e fica com R$ 111,11 para ela.

Base de cálculo: a base de cálculo tributária é o valor financeiro sobre o qual é aplicada a alíquota percentual do tributo para se obter o valor do tributo a ser cobrado dos contribuintes tributários.

Progressividade tributária: a progressividade tributária é caracterizada por tributar proporcionalmente a capacidade contributiva de cada contribuinte. Em outras palavras, tributa proporcionalmente a renda de cada contribuinte ou cobra mais de quem ganha mais e cobra menos de quem ganha menos.

Dumping: é uma prática comercial desleal que ocorre quando um determinado produto importado chega no país importador por um preço inferior ao custo do produto no país exportador. Nesse caso, cobra-se o imposto de importação para que o custo desse produto importado seja igual ao custo do produto no país exportador.

Micro Empreendedor Individual - MEI: a pessoa física (CPF) que atualmente atua como investidora para comprar e vender bens móveis e imóveis como, por exemplo, carros, imóveis e ações de empresas, precisará atuar como pessoa jurídica (MEI) após a provação dessa reforma tributária pelo Congresso Nacional.

Pagamentos efetuados às pessoas físicas: na redação dessa reforma tributária a palavra pagamentos incluí as transferências a qualquer título, como, por exemplo, os empréstimos e as doações.

Distrito Federal: doravante na redação dessa reforma tributária o distrito federal é considerado um estado.

REFORMA TRIBUTÁRIA

Reforma tributária para substituir todos os 92 tributos brasileiros por um Imposto Único - IU, a ser cobrado de todas as pessoas físicas que residem no Brasil. Há uma única exceção que é o imposto de importação, que deve ser mantido para preservar a sua função regulatória *antidumping*.

A base de cálculo do IU para cada pessoa física é o total da renda bruta mensal da pessoa física diminuído do valor equivalente a um salário mínimo. A cobrança do IU será feita automaticamente pelo sistema eletrônico de processamento da Receita Nacional, por meio da retenção na fonte pagadora, no momento que são feitos os pagamentos para as pessoas físicas. Para cada pessoa física e até o quinto dia útil do mês corrente, o algoritmo do sistema de processamento eletrônico da Receita Nacional somará todos os valores retidos no mês anterior ao mês corrente e, do total da soma, diminuirá o valor correspondente a um salário mínimo para se obter a base de cálculo do IU - e considerando essa base de cálculo, selecionará a alíquota da tabela progressiva da faixa de renda bruta correspondente ao valor da base de cálculo obtida para calcular o valor do IU devido no mês anterior ao mês corrente. Quando existir diferença entre o valor total mensal retido no mês anterior ao mês corrente e o valor total mensal devido no mês anterior ao mês corrente, o valor da diferença será debitado ou creditado no CPF da pessoa física. Quando o valor da base de cálculo for igual ou menor do que um salário mínimo vigente no mês anterior ao mês corrente não haverá a cobrança do IU, e o valor total retido no mês anterior ao mês corrente será creditado no CPF da pessoa física.

O valor total do IU a ser cobrado dos contribuintes são os valores que constam nos orçamentos dos governos federal, estaduais e municipais para o mês corrente. Primeiro o algorítimo faz a cobrança para arrecadar o valor que consta no orçamento do Governo Federal para o mês corrente. Depois o algorítimo utiliza o CEP cadastrado na Receita Nacional para identificar o município e o estado que a pessoa física reside e faz as cobranças para arrecadar os valores que constam nos orçamentos do Governo Estadual e do Governo Municipal para o mês corrente.

Os valores tributários que constam nos orçamentos dos governos federal, estaduais e municipais que serão cobrados pela Receita Nacional através do Imposto Único - IU, serão creditados automática e diretamente nas contas bancárias dos governos federal, estaduais e municipais no momento das retenções na fonte pagadora.

O Imposto Único - IU será cobrado de acordo com a seguinte tabela progressiva:

Salários mínimos	Alíquotas (%)
0 a 1	1
1 a 2	2
2 a 3	3
3 a 4	4
4 a 5	5
5 a 6	6
6 a 7	7
7 a 8	8
8 a 9	9
9 a 10	10
10 a 11	11
11 a 12	12
12 a 13	13
13 a 14	14
14 a 15	15
15 a 16	16
16 a 17	17
17 a 18	18
18 a 19	19
19 a 20	20
20 a 21	21

21 a 22	22
22 a 23	23
23 a 24	24
24 a 25	25
25 a 26	26
26 a 27	27
27 a 28	28
+ de 28	29

O algorítimo do sistema eletrônico de processamento da Receita Nacional fará o controle diário da arrecadação para arrecadar o valor que consta nos orçamentos dos governo federal, estaduais e municipais, nem mais, nem menos, e, se necessário, fará os ajustes diariamente nas alíquotas da tabela progressiva, aumentando ou diminuindo as alíquotas percentuais para que o valor arrecadado seja igual ao valor que consta nos orçamentos dos governos federal, estaduais e municipais, independentemente das variações da atividade econômica para mais ou para menos. Para fazer os ajustes diários nas alíquotas da tabela progressiva o algorítimo utiliza dados estatísticos da arrecadação de cada dia do mês do trimestre anterior ao mês corrente e o valor a ser arrecadado para cada dia do mês corrente.

Os registros eletrônicos dos pagamentos efetuados às pessoas físicas serão feitos em tempo real (*on-line*), diretamente no sítio eletrônico (site) da Receita Nacional. Nesses registros eletrônicos, constarão o valor total do pagamento, o valor do IU retido para os governos federal, estaduais e municipais, o CNPJ ou o CPF do pagador, o CPF do recebedor e um código com as demais informações necessárias à Receita Nacional e ao Instituto Brasileiro de Geografia e Estatística (IBGE). Quando os pagamentos às pessoas físicas não puderem ser registrados em tempo real (*on-line*), os pagadores farão os registros eletrônicos desses pagamentos no final de cada dia ou no final de cada semana.

Essa reforma tributária garante que os governos federal, estaduais e municipais tenham as suas arrecadações (receitas) preservadas, após a sua aprovação pelo Congresso Nacional e a sua implantação.

Após a aprovação e a implantação dessa reforma tributária, os governos federal, estaduais e municipais ficarão proibidos de: conceder imunidade e isenção tributária, arrecadar mais do que consta no orçamento, gastar mais do que arrecada, tomar dinheiro emprestado, emprestar dinheiro e ser avalista de tomadores de dinheiro emprestado. Esses mesmos governos também ficarão obrigados a quitar todas as suas dívidas já contraídas no prazo máximo de 20 (vinte) anos, sendo necessariamente no mínimo um vinte avos por ano e, também, a receber todos os seus créditos tributários no prazo máximo de 20 anos.

Quando os contribuintes quiserem reduzir a carga tributária, eles deverão interagir com seus representantes legislativos para que os orçamentos tributários para o ano seguinte sejam aprovados de acordo com a redução da carga tributária pretendida pelos contribuintes.

Considerando que os governos federal, estaduais e municipais não poderão arrecadar mais do está previsto no orçamento e nem gastar mais do que arrecadam, eles serão obrigados a fazer um fundo de reserva financeiro, destinado aos gastos necessários com o atendimento das necessidades decorrentes de eventuais desastres naturais e de eventuais emergências sanitárias e, também, a contratar uma apólice de seguro de responsabilidade subsidiária para cada obra pública que realizarem para assegurar a boa qualidade do edital de concorrência pública, do projeto da obra, da qualidade da construção da obra, do cumprimento do prazo de entrega da obra, bem como para garantir o pagamento de eventuais indenizações por danos causados contra terceiros até o término do período de garantia de cada obra pública contratada.

A empresa seguradora atuará para evitar: falhas no edital de concorrência pública, falhas no projeto, falhas na construção da obra, atraso na entrega de cada obra pública assegurada e eventuais danos causados contra terceiros. Sem prejuízo da responsabilidade do engenheiro responsável técnico da construtora para cada obra pública contratada pelos governos federal, estaduais e municipais, a seguradora terá um engenheiro responsável técnico subsidiário próprio para cada obra pública assegurada, como medida preventiva para evitar a possibilidade de ela ter que pagar multa por atraso na entrega da obra assegurada e assumir financeiramente os prejuízos decorrentes de falhas no edital de concorrência pública, no projeto e na construção da obra, pelos reparos e consertos de defeitos de construção e de eventuais danos causados contra terceiros até final do período de garantia de cada obra pública assegurada.

Sem prejuízo da responsabilidade do engenheiro responsável técnico da construtora, o engenheiro da seguradora contratada e responsável técnico subsidiário da obra pública assegurada terá os seguintes direitos: participar da elaboração do edital de concorrência pública, participar da elaboração do projeto e ter livre acesso à construção da obra pública assegurada até o término da construção e da entrega da obra pública assegurada. A participação do engenheiro responsável técnico subsidiário da seguradora contratada durante a elaboração do edital de concorrência pública é importante para prevenir eventuais falhas técnicas como, por exemplo, garantir a correta especificação técnica do macadame para o asfaltamento de estradas, avenidas e ruas, em outras palavras, garantir que a especificação técnica do macadame seja adequada para suportar a intensidade do tráfego de veículos com suas respectivas cargas máximas (o peso de cada veículo mais a carga máxima que eles podem carregar), para evitar que a superfície do asfalto apresente deformações e buracos pouco tempo depois do asfaltamento.

Após a aprovação pelo Congresso Nacional e a implantação dessa reforma tributária as pessoas jurídicas (empresas), farão apenas o depósito mensal do Fundo de Garantia por Tempo de Serviço (FGTS) de cada trabalhador e, quando for o caso, farão o recolhimento do imposto de importação. Os pagamentos de mão de obra, a venda e a prestação de serviços, a produção, a venda e o transporte de máquinas, produtos e mercadorias ficarão completamente livres de tributação e completamente livres de embaraços burocráticos governamentais.

Essa reforma tributária, após a sua aprovação e a sua implantação, garante que os governos federal, estaduais e municipais tenham as suas respectivas arrecadações (receitas) preservadas e também assegura a autonomia fiscal dos estados e dos municípios através da eliminação da dependência fiscal atual provocada pelas atuais transferências de receitas federais para os estados, e dos estados para os municípios.

Quando os contribuintes quiserem reduzir a carga tributária, eles devem interagir com seus representantes legislativos para que os orçamentos para o ano seguinte sejam aprovados de acordo com a redução da carga tributária pretendida pelos contribuintes.

SISTEMA TRIBUTÁRIO ATUAL

Os contribuintes do sistema tributário brasileiro atual são somente as pessoas físicas, que são as consumidoras finais dos produtos, mercadorias e serviços. As pessoas jurídicas (empresas) não são contribuintes, portanto elas não pagam tributos, elas apenas recolhem os tributos incluídos no preço dos produtos e dos serviços comprados e pagos pelas pessoas físicas, que são as consumidoras finais de todos os produtos e serviços vendidos.

Por exemplo:
Custo do produto = R$ 100,00

+ lucro de 10% = R$ 111,11 (100,00/0,90 = 111,11)
Preço do produto = R$ 111,11 (antes dos impostos)
+ IPI de 13% = R$ 16,60 (111,11/0,87 = 127,71 - 111,11 = 16,60)
+ ICMS de 18% = R$ 24,39 (111,11/0,82 = 135,50 111,11 = 24,39)
Preço do produto = R$ 152,10 (para o consumidor final)

Quando o consumidor final compra o produto do exemplo acima descrito, ele paga à pessoa jurídica (empresa) o valor total de R$ 152,10, sendo R$ 111,11 o preço do produto, R$ 16,60 de IPI e R$ 24,39 de ICMS. A pessoa jurídica (empresa) recolhe R$ 16,60 de IPI ao governo federal, recolhe R$ 24,39 de ICMS ao governo estadual e fica com R$ 111,11 para ela.

Na indústria, o custo do produto é o total resultante da soma de todos os custos variáveis e de todos os custos fixos utilizados para a fabricação de um determinado produto.

Os custos variáveis são formados pelas matérias-primas, cujas quantidades e custos variam de acordo com a quantidade produzida. Por exemplo, o custo total dos motores elétricos dos liquidificadores varia de acordo com a quantidade de liquidificadores produzidos.

Os custos fixos não variam de acordo as quantidades produzidas. Por exemplo, o valor do IPTU do galpão da fábrica de liquidificadores é sempre o mesmo, independentemente da quantidade de liquidificadores produzidos. A distribuição (rateio) dos custos fixos por produto é igual ao custo de fabricação do produto multiplicado pelo fator de distribuição (rateio) do custo fixo. O fator de distribuição (rateio) é obtido dividindo-se o valor total da soma dos custos de produção dos produtos fabricados no mês corrente pelo valor total da soma dos valores dos custos fixos do mês corrente.

No comércio, o custo do produto é igual ao custo de compra do produto a ser vendido mais o custo fixo. A distribuição (rateio) do custo fixo por produto é igual ao custo de compra de cada produto comprado multiplicado pelo fator de distribuição (rateio) do custo fixo. O fator de distribuição (rateio) é obtido dividindo-se o valor total da soma dos valores dos produtos comprados no mês corrente pelo valor total da soma dos custos fixos do mês corrente.

O sistema tributário brasileiro atual (fevereiro/2023) tem 92 tributos que são constituídos por impostos, taxas e contribuições.

O pagamento de tributos é um dever tributário que deve ser cumprido pelos contribuintes tributários quando ocorre o fato gerador tributário. O pagamento de salário é um exemplo de fato gerador tributário. Os tributos podem ser direto e indireto.

O tributo direto é caracterizado por ser personalizado e progressivo e por ser cobrado de acordo com o valor da renda ou de acordo com o valor da propriedade do contribuinte. O imposto de renda – IR e o imposto sobre a propriedade territorial urbana – IPTU são exemplos de tributos diretos.

O tributo indireto é caracterizado por ser impessoal e regressivo e por ser cobrado igualmente de todos os contribuintes independentemente do valor da renda ou do valor da propriedade do contribuinte. A taxa de embarque – TE, o imposto sobre circulação de mercadorias – ICMS e a contribuição para a seguridade social – INSS são exemplos de tributo indireto.

Os valores dos tributos regressivos cobrados dos contribuintes são iguais para as pessoas ricas, pobres e da classe média. Por exemplo, considerando que o valor gasto com combustível nos postos de abastecimento seja R$ 400,00 por mês, o valor do ICMS de 18% é R$ 87,80 por mês (400,00/0,82 = 487,80 - 400,00 = 87,80), valor este que é exatamente igual para todas as pessoas, sejam elas pobres, de classe média ou ricas. Esse valor de R$ 87,80 de ICMS por mês é equivalente a 6,271428% da renda de uma pessoa que ganha R$ 1.400,00 por mês e é equivalente a 0,627142% da renda de uma pessoa que ganha R$ 14.000,00 por mês. Portanto, é regressivo porque é mais custoso para quem ganha menos e é menos custoso para quem ganha mais.

O sistema tributário brasileiro atual (fevereiro/2023), com 92 tributos, é muito complicado e confuso. Por isso, as pessoas jurídicas (empresas) precisaram criar a contabilidade tributária, também conhecida como contabilidade fiscal, para cuidar da administração de todos os procedimentos necessários ao recolhimento dos tributos que foram incluídos nos preços dos produtos, das mercadorias e dos serviços que foram vendidos.

REFORMA ADMINISTRATIVA E POLÍTICA

DEFINIÇÕES:

Voto distrital puro para cada município: cada distrito eleitoral tem a mesma quantidade de eleitores e elege um representante legislativo para a Câmara Municipal (dos vereadores). A quantidade de distritos eleitorais de cada município é o resultado da divisão do total de eleitores do município pelo total de vereadores do município. Os eleitores votam apenas em candidatos do distrito eleitoral a que pertencem. A Câmara Municipal elege um dos vereadores para ser o prefeito do município.

Voto distrital puro para cada estado: cada distrito eleitoral tem a mesma quantidade de eleitores e elege um representante legislativo para a Câmara dos Deputados estaduais. A quantidade de distritos eleitorais de cada estado é o resultado da divisão do total de eleitores do estado pelo total de deputados da assembleia legislativa estadual. Os eleitores votam apenas em candidatos do distrito eleitoral a que pertencem. A Câmara dos Deputados estaduais elege um dos deputados estaduais para ser o governador do estado.

Voto distrital puro para a Câmara dos Deputados federais: cada distrito eleitoral tem a mesma quantidade de eleitores e elege um representante legislativo para a Câmara dos Deputados federais. A quantidade de distritos eleitorais é o resultado da divisão do total de eleitores do país pelo total de deputados federais da Câmara dos Deputados federais. Os eleitores votam apenas em candidatos do distrito eleitoral a que pertencem.

Voto distrital puro para o Senado Federal: cada distrito eleitoral tem a mesma quantidade de eleitores e elege um representante legislativo para o Senado Federal. A quantidade de distritos eleitorais é o resultado da divisão do total de eleitores do país pelo total de senadores do país. Os eleitores votam apenas em candidatos do distrito a que pertencem.

Algoritmo: é uma sequência lógica de instruções para o sistema de processamento eletrônico produzir um determinado resultado. Por exemplo, para fazer o cálculo 2 x 3 = 6, o programador de computador escreve uma sequência lógica de instruções, em linguagem de programação, equivalente ao que se faz com uma calculadora manual quando se apertam as teclas (2), (x), (3) e (=), para se obter o resultado 6.

TRANSPARÊNCIA

Todos os gastos realizados pelo governo federal com dinheiro público terão que ser completamente transparentes e disponibilizados eletronicamente (on-line), com a descrição dos gastos para cada item e com o total gasto para cada item descrito. As descrições de cada item dos gatos públicos devem apresentar todas as informações necessárias para serem examinadas e auditadas por qualquer pessoa interessada. Informações adicionais podem ser solicitadas por qualquer pessoa e devem ser entregues à pessoa interessada em até quarenta e oito horas após a solicitação. É proibido decretar sigilo sobre as informações das atividades administrativas do governo federal, sem exceções.

Distrito Federal: doravante na redação dessa reforma administrativa o Distrito Federal é considerado um estado.

As definições das fontes de receita (arrecadação) para os governos federal, estaduais e municipais são os respectivos valores do Imposto Único – IU que cabe a cada um desses mesmos governos.

REFORMA ADMINISTRATIVA E POLÍTICA

Instituição do parlamentarismo republicano com voto distrital puro, com mandatos de cinco anos e com proibição de reeleição. O parlamentarismo republicano é um sistema administrativo e político de democracia representativa definido por um governo cuja autoridade deriva do consentimento do povo, no qual os cidadãos elegem representantes para agir em seu nome político. O sistema parlamentarista funciona melhor do que o sistema presidencialista por dois motivos: (a) um presidente da República eleito pelo Parlamento exerce apenas a função de representante do país e (b) o Poder Executivo é exercido por um primeiro-ministro, que é um parlamentar eleito pelos próprios parlamentares para exercer o Poder Executivo para governar o país, e, consequentemente, não há disputas de poder com outro Poder da República, como acontece no sistema político presidencialista, que gera disputas de poder entre o Poder Legislativo e o Poder Executivo, especialmente na elaboração e na execução do orçamento anual. Quando a atuação executiva do primeiro-ministro para governar o país for insatisfatória, os parlamentares destituirão o primeiro-ministro, por meio de um voto de desconfiança, e elegerão outro parlamentar como primeiro-ministro, sem demora e sem trauma político, como acontece no demorado e traumático processo político de impedimento de um presidente da República no sistema presidencialista. O parlamentarismo republicano será também o sistema político dos estados e dos municípios. Os parlamentares não poderão ser punidos quando divergirem das orientações e dos encaminhamentos dos líderes partidários antes de cada votação, para que não haja interferência no livre exercício dos mandatos parlamentares.

FINALIDADE DO GOVERNO

A finalidade dos governos federal, estaduais e municipais é arrecadar tributos para exclusivamente prestar serviços públicos à população; portanto, esses mesmos governos são proibidos de exercerem atividades empresariais de prestação de serviços, industriais e comerciais após a aprovação, pelo Congresso Nacional, e a implantação dessa reforma administrativa, e, consequentemente, esses mesmos governos devem privatizar todas as suas empresas estatais de natureza empresarial, sem exceções, e também devem vender todos os seus imóveis, equipamentos, máquinas e veículos desnecessários à prestação dos serviços públicos às populações dos seus respectivos territórios, no prazo máximo de cinco anos consecutivos após a aprovação e a implantação dessa reforma administrativa.

GOVERNO FEDERAL

O governo federal será constituído pelo gabinete do primeiro-ministro e pelos seguintes ministérios:

Ministério do Seguro Social

Planejamento e administração da Política Nacional de Seguridade Social, através do Instituto Nacional do Seguro Social (INSS). Planejamento e execução da Política Pública de Renda Básica Universal de um salário-mínimo para cada família, a qual substituirá o seguro-desemprego, todas as aposentadorias pagas com dinheiro público e os demais programas sociais atuais. É proibido haver fila de espera para o atendimento dos pedidos de renda básica universal de um salário-mínimo para cada família.

Ministério da Saúde

Planejamento e execução da Política Nacional de Saúde Pública, liderança e coordenação interestadual da Política Nacional de Saúde Pública e fornecimento gratuito de vacinas e de remédios de uso continuado para os estados.

Ministério do Meio ambiente

Planejamento e execução da Política Nacional para a proteção e a preservação do meio ambiente, e repressão das atividades criminosas destruidoras do meio ambiente.

Ministério da Economia

Planejamento e execução da Política Econômica Nacional, administração da Receita Nacional e do Instituto Brasileiro de Geografia e Estatística (IBGE).

Ministério da Justiça

Planejamento e execução da Justiça Estatal federal, que receberá e julgará apenas os crimes federais passíveis de condenação à prisão e, administração da Polícia Federal e da Agência Brasileira de Informações (ABIN). Todas as ações não passíveis de condenação à prisão serão mediadas e arbitradas pela Justiça Privada através das Câmaras de Mediação e Arbitragem municipais e do Tribunal Arbitral municipal. Apenas os casos que não forem solucionados em duas audiências de mediação serão aceitos para serem submetidos à arbitragem. A última instância da Justiça Privada é o Tribunal Arbitral municipal. Crimes federais passíveis de condenação à prisão são apenas os crimes que atentam contra as pessoas e conta o patrimônio público e privado. Esses crimes são imprescritíveis e a condenação para eles é a reparação financeira dos danos causados, e, quando a ação criminosa resultar em morte a reparação financeira é feita a favor da família da pessoa que morreu. Apenas os criminosos reincidentes serão condenados à prisão.

Ministério da defesa

Planejamento e execução da Política Nacional de Defesa Interna e Externa e prestação de serviços de defesa específicos previstos em lei.

Ministério da Infraestrutura.

Planejamento e execução da Política Nacional de Infraestrutura, liderança e coordenação interestadual da Política Nacional de Infraestrutura.

Ministério das Relações Internacionais

Planejamento e execução da Política Nacional de Relações Internacionais e planejamento e execução da Política Internacional e Nacional de Turismo.

Ministério da Ciência, Tecnologia e Inovação.

Planejamento e execução da Política Nacional de Ciência, Tecnologia, Inovação e Ensino Profissionalizante. Planejamento e administração dos Institutos de Pesquisa, das Universidades e das Escolas Técnicas federais. O comparecimento presencial nas aulas é facultativo e as provas de avaliação são necessariamente presenciais. Gratuidade apenas para alunos de famílias que tem renda de até dois salários mínimos.

BANCO CENTRAL DO BRASIL

Responsável pelo planejamento e pela execução da Política Monetária Nacional, responsável pela produção de papel-moeda e moedas metálicas, pela regulamentação e pelo monitoramento dos bancos nacionais, pela intervenção nos bancos nacionais em situações graves, pela vigilância do Sistema de Pagamentos Brasileiro (SPB), pela execução da Política Monetária Nacional e pela Política Cambial Nacional. As normas de transparência administrativa do Banco Central do Brasil são iguais às normas de transparência administrativa do governo federal.

SUPREMO TRIBUNAL FEDERAL

Receber e julgar apenas as ações que envolvem questões constitucionais. As ações de crimes federais passíveis de condenação à prisão serão recebidas e julgadas pelas demais instâncias da Justiça Estatal Federal e as ações não passíveis de condenação à prisão serão recebidas, mediadas e arbitradas pela Justiça Privada, por meio das câmaras de mediação e arbitragem municipais instaladas nos municípios. As normas de transparência administrativa do Supremo Tribunal Federal são iguais às normas de transparência administrativa do governo federal.

PODER LEGISLATIVO

Elaborar e aprovar leis, modificar leis já existentes, revogar leis já existentes e governar o país por meio do primeiro-ministro. Quando o desempenho funcional do primeiro-ministro for insatisfatório, ele será destituído do cargo a qualquer tempo, sem demora e sem trauma político, pelos próprios parlamentares, por intermédio de uma votação que aprove um voto de desconfiança; em nova votação será eleito um outro parlamentar como primeiro-ministro. Quando ocorrer uma crise política e o parlamento não conseguir a maioria dos votos necessários para eleger um parlamentar como novo primeiro-ministro, o presidente da República dissolverá o parlamento e convocará eleições gerais para a renovação do parlamento. O parlamento renovado elegerá um parlamentar como novo primeiro-ministro. As normas de transparência administrativa do poder legislativo são iguais às normas de transparência administrativa do governo federal.

SERVIDOR PÚBLICO

Todos os servidores públicos serão admitidos necessariamente por intermédio de concursos públicos e nenhuma pessoa poderá trabalhar como servidor público sem antes ter sido aprovado por meio de concurso público ou ter sido eleito para exercer mandato em cargo público, de acordo com o previsto em lei, e, nesses casos, essas pessoas deverão escolher todos os seus auxiliares necessariamente entre os servidores públicos aprovados em concursos públicos. Portanto, ficam proibidos todos os chamados cargos de confiança, porque todos os servidores públicos aprovados em concursos públicos são de confiança.

Todos os servidores públicos terão trinta dias de férias por ano, sem exceções; férias essas que terão quer ser necessariamente usufruídas anualmente.

O valor total mensal da remuneração de todos os servidores públicos, sem exceções, será de, no mínimo, o valor equivalente a dois salários-mínimos e, no máximo, o valor equivalente a dez salários-mínimos. Para as pessoas que considerarem que esse valor máximo de remuneração é insatisfatório, há a opção de não prestar concurso público para trabalhar como servidor público.

É proibido utilizar veículos públicos para o transporte individual de servidor público, exceto nos casos previstos em lei por motivo de segurança. Todos os servidores públicos, sem exceções, são proibidos de utilizar cartões de crédito e de débito corporativos. Os servidores públicos, sem exceções, que viajarem a trabalho receberão diárias de viagem e, no retorno da viagem a trabalho deverão apresentar os comprovantes dos gastos anexados à prestação de contas dos gastos de viagem e, conforme for o caso, receberão ou devolverão a diferença entre o valor total das diárias de viagem que receberam antes de viajar e o valor total dos gastos durante a viagem a serviço. O servidor público que for transferido para trabalhar em outra cidade receberá um mês de auxílio aluguel e esse valor será excluído do valor máximo remuneratório mensal. O servidor público só poderá ser demitido a bem do serviço público após a conclusão de um processo administrativo que garante o amplo direito de defesa ao servidor público.

Validade dessa reforma administrativa: em razão do mandatório respeito ao direito adquirido de todos os servidores públicos já empossados nos seus cargos, essa reforma administrativa é válida apenas para os futuros servidores públicos que serão empossados nos seus cargos após a aprovação desta reforma administrativa.

Direito adquirido: é o direito proveniente de fato lícito consumado juridicamente e que não pode mais ser retirado do indivíduo, mesmo que nova lei disponha de forma contrária, porque é um direito conquistado antes da mudança da lei.

GOVERNO ELETRÔNICO

Implantação do governo eletrônico, com a utilização de algoritmos dotados de inteligência artificial, para automatizar todos os trabalhos administrativos do governo federal que ainda estejam sendo feitos manualmente por servidores públicos.

O trabalho dos servidores públicos será fazer a entrada de dados, quando necessário, para que o sistema de processamento eletrônico produza e disponibilize todos os resultados que estão programados nos algoritmos dotados de inteligência artificial do sistema de processamento eletrônico, para serem utilizados pelos servidores públicos na prestação de serviços públicos à população.

Fonte de receita do governo federal: o valor do Imposto Único (IU) que cabe ao governo federal.

GOVERNOS ESTADUAIS

Os governos estaduais serão constituídos pelo gabinete do governador e pelas seguintes secretarias:

Secretaria da Saúde

Planejamento e execução da política estadual de saúde pública, entrega de vacinas e remédios de uso continuado gratuitos aos municípios, e coordenação intermunicipal dos programas de saúde pública dos municípios.

Secretaria da Economia

Planejamento e execução da arrecadação tributária estadual, planejamento e coordenação da política econômica estadual, e coordenação intermunicipal da política econômica estadual.

Secretaria da Infraestrutura

Planejamento e execução da política pública estadual de infraestrutura, e coordenação intermunicipal das políticas municipais de infraestrutura.

Secretaria da Ciência, Tecnologia e Inovação

Planejamento e execução da política estadual de ciência, tecnologia, inovação e ensino profissionalizante. Planejamento e administração dos Institutos de Pesquisa, das Universidades e das Escolas Técnicas estaduais. O comparecimento presencial nas aulas é facultativo. As provas de avaliação são necessariamente presenciais. Gratuidade apenas para alunos que pertencem a famílias com renda mensal de até dois salários mínimos.

Secretaria da Justiça

Planejamento e execução da Justiça Estatal estadual, que julgará apenas os crimes estaduais passíveis de prisão. As demais ações serão julgadas pela Justiça Privada, por meio das Câmeras de Mediação e Arbitragem municipais e do Tribunal Arbitral Municipal. Apenas as ações que não forem solucionadas em duas audiências de mediação serão aceitas para serem submetidas à arbitragem. A última instância da Justiça Privada é o Tribunal Arbitral municipal. A Justiça Estatal dos estados continuarão contando com a Polícia Civil estadual como polícia judiciaria. As polícias militares estaduais deixarão de existir, e os seus integrantes atuais serão transferidos para os municípios, para integrarem a polícia civil municipal de cada município. Os integrantes das atuais policias militares estaduais serão transferidos para os municípios, proporcionalmente ao número de habitantes de cada município. Os ex-policiais militares e os atuais integrantes das guardas-civis municipais receberão, em cada município, treinamento específico para serem preparados para atuarem como policiais civis municipais. Crimes estaduais passíveis de condenação à prisão são apenas os crimes que atentam contra as pessoas e conta o patrimônio, público e privado. Estes crimes são imprescritíveis e a condenação para eles é a reparação financeira dos danos causados e, quando a ação criminosa resultar em morte a reparação financeira é feita a favor da família da pessoa que morreu. Apenas os criminosos reincidentes serão condenados à prisão.

GOVERNO ELETRÔNICO

Implantação do governo eletrônico, com a utilização de algoritmos dotados de inteligência artificial, para automatizar todos os trabalhos dos governos estaduais que ainda estejam sendo feitos manualmente por servidores públicos. O trabalho dos servidores públicos será fazer a entrada de dados, quando necessário, para que o sistema de processamento eletrônico produza e disponibilize todos os resultados que estão programados nos algoritmos dotados de inteligência artificial do sistema de processamento eletrônico, para serem utilizados pelos servidores públicos no trabalho de prestação de serviços públicos à população.

TRANSPARÊNCIA

Todos os gastos realizados com dinheiro público pelos governos estaduais terão que ser completamente transparentes e disponibilizados eletronicamente (on-line), com a descrição de cada item dos gastos e com o total gasto para cada item descrito. A descrição dos itens dos gatos públicos deve apresentar todas as informações necessárias para serem examinadas e auditadas por qualquer pessoa interessada. Informações adicionais podem ser solicitadas por qualquer pessoa interessada e devem ser entregues em até quarenta e oito horas após a solicitação. É proibido decretar sigilo sobre as informações das atividades administrativas dos governos estaduais, sem exceções.

Fonte de receita dos governos estaduais: o valor do Imposto Único (IU) que cabe a cada um desses mesmos governos.

GOVERNOS MUNICIPAIS

Os governos municipais serão constituídos pelo gabinete do prefeito e pelas seguintes secretarias:

Secretaria da Saúde

Planejamento e execução da política municipal de saúde, e administração dos postos de saúde públicos municipais e dos hospitais públicos municipais. Os municípios que não tem hospital municipal utilizarão o hospital municipal do município mais próximo, mediante convênio.

Secretária do Ensino

Planejamento e execução da política pública municipal da escolaridade fundamental gratuita. A participação presencial nas aulas é facultativa. As provas de avaliação são necessariamente presenciais. A atual Secretaria da Educação deixará de existir, porque os responsáveis pela educação das crianças e dos jovens são os pais.

Secretaria da Economia

Planejamento e execução da política econômica municipal, e administração da receita municipal.

Secretaria do Trabalho

Planejamento e execução da política municipal de fomento do emprego e do trabalho.

Secretaria da Ciência, Tecnologia e Inovação

Planejamento e execução da política municipal de ciência, tecnologia, inovação e ensino profissionalizante, e elaboração do plano diretor municipal para cada período eletivo, com aprovação de cada obra pública, para garantir que apenas as obras públicas integrantes do plano diretor municipal sejam executadas, para evitar gastos com abras públicas para atender clientelismos políticos distritais.

Secretaria da Infraestrutura

Planejamento e execução da política municipal de infraestrutura pública.

Secretaria da Segurança Pública

Planejamento e execução da política municipal de segurança pública, por meio da Polícia Civil municipal, e administração do sítio prisional. Os criminosos do município que reincidentemente praticam atentados contra pessoas e contra o patrimônio público e privado que forem condenados à prisão pela Justiça Estatal federal e estadual cumprirão as respectivas penas de prisão no sítio prisional municipal. Esses criminosos reincidentes enquanto estiverem presos no sítio prisional serão compulsoriamente tratados, durante seis meses, por pregadores religiosos, preferencialmente carismáticos, para convertê-los em pessoas benfeitoras. Se esse tratamento não der o resultado esperado, os criminosos reincidentes serão tratados por médicos psiquiatras, durante seis meses, por meio da terapia hipnótica. Se esse tratamento também não conseguir converter os criminosos reincidentes em pessoas benfeitoras eles ficarão presos, fora de selas prisionais, nas áreas internas de sítios prisionais murados até que o progresso do conhecimento humano encontre meios para convertê-los em pessoas benfeitoras ou até morrer. Nesses sítios prisionais murados os presos viverão por conta própria e receberão apenas assistência médica e odontológica, sem nenhum outro assistencialismo, e terão que plantar, cultivar, colher e preparar o próprio alimento e realizar os demais trabalhos necessários à própria sobrevivência.

Os municípios que não têm sítios prisionais utilizarão o sítio prisional do município mais próximo, mediante convênio.

Secretária da Justiça Privada

Autorização e fiscalização das Câmaras de Mediação e Arbitragem e do Tribunal Arbitral municipal, que receberão todas as ações, que não sejam passíveis de condenação à prisão, para mediação e arbitragem. Apenas as ações que já tenham sido submetidas a duas mediações serão aceitas para serem submetidas à arbitragem. A última instância da Justiça Privada é o Tribunal Arbitral municipal. A nomeação de procuradores das partes para atuarem nas Câmaras de Mediação e Arbitragem e no Tribunal

Arbitral é facultativa. As causas que são passíveis de condenação à prisão serão julgadas pela Justiça Estatal, federal ou estadual.

GOVERNO ELETRÔNICO

Implantação do governo eletrônico, com a utilização de algoritmos dotados de inteligência artificial, para automatizar todos os trabalhos dos governos municipais que ainda estejam sendo feitos manualmente por servidores públicos. O trabalho dos servidores públicos será fazer a entrada de dados, quando necessário, para que o sistema de processamento eletrônico produza e disponibilize todos os resultados que estão programados nos algoritmos dotados de inteligência artificial do sistema de processamento eletrônico. Esses resultados serão utilizados pelos servidores públicos para o trabalho de prestação de serviços públicos à população.

TRANSPARÊNCIA

Todos os gastos realizados com dinheiro público pelos governos municipais terão que ser completamente transparentes e disponibilizados eletronicamente (on-line), com a descrição dos itens dos gastos e com o total gasto para cada item descrito. A descrição dos itens dos gatos públicos deve apresentar todas as informações necessárias para serem examinadas e auditadas por qualquer pessoa interessada. Informações adicionais podem ser solicitadas por qualquer pessoa e devem ser entregues em até quarenta e oito horas após a solicitação. É proibido decretar sigilo sobre as informações das atividades administrativas dos governos municipais, sem exceções.

Fonte de receita dos governos municipais: o valor do Imposto Único (IU) que cabe a cada um desses mesmos governos.

SISTEMA ELEITORAL

Voto distrital puro, do parlamentarismo republicano. Direito de votar, para substituir o atual dever de votar.

Mandato de cinco anos para todos os mandatos eletivos e proibição de reeleição para todos os mandatos eletivos.

Aceitação de candidatos independentes sem filiação a partido político. Aceitação de candidatos independentes filiados a partidos políticos que, como pré-candidatos, não foram selecionados como candidatos pelas convenções partidárias para os cargos públicos de deputados federais, senadores, deputados estaduais e vereadores.

Proibição de financiamento público e proibição de financiamento de pessoas jurídicas (empresas) para os partidos políticos e para as campanhas eleitorais.

Permissão de financiamento de pessoas físicas para os partidos políticos e para as campanhas eleitorais até o limite máximo de dez salários-mínimos por pessoa física (por CPF).

Instituição de eleições diretas, através de votação nas urnas eletrônicas de votação, após o encerramento das eleições municipais, ou através da internet, destinadas à eleição para o preenchimento dos seguintes cargos eletivos:

Ministro do Supremo Tribunal Federal.
Ministro do Superior Tribunal de Justiça.
Desembargadores dos Tribunais Regionais federal, distrital e estaduais.

Procurador-geral Federal, distrital, estaduais e municipais.
Delegado Geral da Polícia Federal.
Diretor da Agência Brasileira de Inteligência
Delegado Geral da Polícia Civil estaduais e municipais.
Presidente das Agências Reguladoras.
Presidente do Banco Central.

Os eleitores que votarão nas eleições acima citadas para eleger os ministros do Supremo Tribunal Federal, do Superior Tribunal de Justiça e os desembargadores dos Tribunais Regionais são todos os juízes residentes nos territórios dos respectivos tribunais. Cada um destes eleitores tem o direito de ser candidato nessa eleição. Para a eleição dos procuradores-gerais, os eleitores são todos os procuradores lotados nos territórios das respectivas procuradorias, e cada um dos eleitores tem o direito de ser candidato nessa eleição. Para a eleição do delegado geral da Polícia Federal e do diretor da Agência Brasileira de Inteligência, os eleitores são todos os policiais federais, e cada um desses eleitores tem o direito de ser candidato nessa eleição. Para a eleição dos delegados gerais das Policias Civis estaduais e municipais, os eleitores são todos os policiais civis integrantes das respectivas Polícias Civis dos respectivos territórios, e cada um desses eleitores tem o direito de ser candidato nessa eleição. Para a eleição do presidente de cada Agência Reguladora, os eleitores são todos os profissionais do ramo de atuação de cada Agência Reguladora, e cada um destes eleitores tem o direito de ser candidato nessa eleição. Para a eleição do presidente do Banco Central, os eleitores são o ministro da Fazenda do governo federal, os secretários da Fazenda estaduais, e cada um desses eleitores tem o direito de ser candidato nessa eleição.

SISTEMA ADMINISTRATIVO E POLÍTICO ATUAL

GOVERNO FEDERAL

O atual sistema político federal é o sistema presidencialista, com a possibilidade de o presidente da República ser reeleito uma vez. Nesse sistema político, o Poder Executivo é exercido pelo presidente da República, que governa de acordo com a Constituição federal, de acordo com as leis e o orçamento anual aprovado pelo Poder Legislativo.

Considerando que o poder real, o poder de fato, está com o Poder Legislativo, o sistema de governo presidencialista gera disputas de poder entre o Poder

Executivo e o Poder Legislativo, especialmente para elaborar e para executar o orçamento anual; disputas estas que prejudicam a governabilidade do país.

O poder real, o poder de fato, está com poder legislativo porque é ele que elabora e aprova mudanças na Constituição federal, excetuando-se as cláusulas pétreas, que elabora e aprova nas novas leis, que modifica leis já existentes e que revoga leis já existentes. São as leis que determinam o comportamento de todas as pessoas nas suas inter-relações sociais e institucionais. Em outras palavras, são as leis que determinam o comportamento de todas as pessoas no convívio social, que determinam como o presidente da República governa o país, como os juízes julgam e, inclusive, como os legisladores legislam.

GOVERNOS ESTADUAIS

O sistema político atual dos estados é semelhante ao sistema presidencialista do governo federal, com a possibilidade de os governadores serem reeleitos uma vez. Nesse sistema político, o Poder Executivo é exercido pelos governadores, que governam de acordo com as respectivas constituições estaduais, de acordo com as respectivas leis aprovadas pelos respectivos poderes legislativos e também de acordo com os respectivos orçamento anual aprovado pelos respectivos poderes legislativos.

Considerando que o poder real está com o Poder Legislativo, o atual sistema de governo dos estados gera disputas de poder entre o Poder Executivo e o Poder Legislativo, especialmente para elaborar e para executar o orçamento anual; disputas essas que prejudicam a governabilidade dos estados.

O poder real está com o Poder Legislativo porque é ele que elabora e aprova as mudanças na constituição dos estados, que elabora e aprova novas leis, e que modifica e revoga leis já existentes. São as leis que determinam o comportamento de todas as pessoas nas suas inter-relações sociais e institucionais. Em outras palavras, são as leis que determinam o comportamento de todas as pessoas no convívio social, que determinam como os governadores governam, como os juízes estaduais julgam e, inclusive, como os próprios legisladores legislam.

GOVERNOS MUNICIPAIS

O atual sistema político dos municípios é semelhante ao sistema presidencialista do governo federal, com a possibilidade de os prefeitos serem reeleitos uma vez. Nesse sistema político, o Poder Executivo é exercido pelos prefeitos, que governam de acordo com as respectivas leis e orçamentos anuais aprovados pelos respectivos poderes legislativos.

Considerando que o poder real, o poder de fato, está com o Poder Legislativo, o atual sistema de governo dos municípios gera disputas de poder entre o Poder Executivo e o Poder Legislativo, especialmente para elaborar e para executar o orçamento anual; disputas estas que prejudicam a governabilidade dos municípios.

O poder real, o poder de fato, está com o Poder Legislativo porque é ele que elabora e aprova mudanças na lei orgânica municipal, que elabora e aprova novas leis, e que modifica e revoga leis já existentes. É a lei orgânica municipal e as demais leis que determinam o comportamento de todas as pessoas dos municípios nas suas inter-relações sociais e institucionais. Em outras palavras, são as leis que determinam o comportamento de todas as pessoas no convívio social, que definem como os prefeitos governam, como os mediadores realizam as mediações e como os árbitros realizam as arbitragens nas câmaras de mediação e arbitragem da justiça privada municipal e, inclusive, como os próprios legisladores municipais legislam.

SISTEMA ELEITORAL ATUAL

O eleitor tem o dever de votar e, se não justificar porque não votou, receberá punições pecuniárias (multas) e administrativas como, por exemplo, não poder se inscrever em concurso público e não poder obter passaporte e carteira de identidade.

As eleições são indiretas, porque são os partidos políticos que selecionam as pessoas que serão candidatos a cargos públicos eletivos, para que os eleitores votem em um desses candidatos.

Não são permitidas candidaturas independentes de pré-candidatos filiadas a partidos políticos que não foram selecionados como candidatos pelos partidos políticos. Também não são permitidas candidaturas independentes de pessoas que não são filiadas a partidos políticos.

O custo do sistema eleitoral atual é muito elevado para os contribuintes tributários, porque se gasta cifras bilionárias de dinheiro público com o financiamento público dos partidos políticos e das campanhas eleitorais.

Permite a reeleição por uma vez. A reeleição é prejudicial à população porque o presidente da República, os governadores e os prefeitos governam pensando nas respectivas reeleições e, consequentemente, deixam de fazer o que precisa ser feito para o bem da população no médio e no longo prazo.

Título	Reformas: Tributária, administrativa e política
Formato	10,5 x 14,8cm
Tipografia textos	Minion Pro
Tipografia títulos	Roboto Slab
Diagramação	Israel Dias de Oliveira
Revisão	Denise Gomide

www.ingramcontent.com/pod-product-compliance
Lightning Source LLC
LaVergne TN
LVHW050341160826
845677LV00014B/3727

* 9 7 8 6 5 0 0 6 3 2 3 0 9 *